VENTE

Du Vendredi 7 Décembre 1877

HOTEL DROUOT, SALLE N° 5

COLLECTION DE M. S.....

MEUBLES ANCIENS

ET

BOIS SCULPTÉS

DES ÉPOQUES DE LA RENAISSANCE, DE LOUIS XIII ET LOUIS XIV

TRÈS-REMARQUABLES

VITRAUX DU XVIᵉ SIÈCLE

Mᵉ CHARLES OUDART, COMMISSAIRE-PRISEUR

M. ÉMILE BARRE, EXPERT

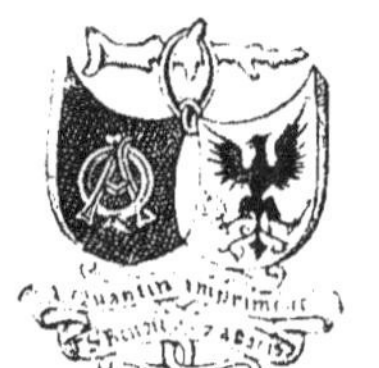
Æquanim Imprimit

CONDITIONS DE LA VENTE

Elle sera faite au comptant.

Les adjudicataires payeront *cinq centimes par franc* en sus
des enchères, applicables aux frais.

———

L'Exposition mettant les Adjudicataires à même de
se rendre compte de l'état et de la nature des objets, il
ne sera admis aucune réclamation une fois l'adjudication
prononcée.

CATALOGUE

DE

MEUBLES ANCIENS

ET

BOIS SCULPTÉS

DE LA RENAISSANCE ET DES ÉPOQUES LOUIS XIII ET LOUIS XIV

TRÈS-REMARQUABLES

VITRAUX DU XVIᴱ SIÈCLE

D'après **LUCAS DE LEYDE**

TAPISSERIES ET ÉTOFFES

PORCELAINES DE CHINE ET DU JAPON

ANCIENNES FAIENCES

PENDULES, BRONZES, VIEUX GRÈS DE FLANDRE

TABLEAUX, OBJETS DIVERS

COMPOSANT

La Collection de M. S.....

Dont la vente aux enchères publiques aura lieu

HOTEL DROUOT, SALLE Nᵒ 5

Le Vendredi 7 Décembre 1877

A DEUX HEURES

PAR LE MINISTÈRE DE **Mᵉ CHARLES OUDART**, COMMISSAIRE-PRISEUR

31, rue Le Peletier

ASSISTÉ DE **M. ÉMILE BARRE**, EXPERT

20, Chaussée-d'Antin

Chez lesquels se délivre le Catalogue

EXPOSITION PUBLIQUE

LE JEUDI 6 DÉCEMBRE 1877, DE 1 HEURE 1/2 A 5 HEURES 1/2

DÉSIGNATION

VITRAUX ANCIENS

1. — Très-remarquable série de douze grands Vitraux du
xvie siècle et de douze petits Médaillons carrés
représentant des armoiries et des sujets d'après
Lucas de Leyde, le tout formant deux vantaux d'une
fenêtre.

2. — Magnifique Vitrail, d'après Albert Durer, représentant
la Conversion d'un roi. — A ses pieds le sceptre et
la couronne fleurdelisée.

MEUBLES ANCIENS

3. — Crédence du xvie siècle, en chêne sculpté, ornée de
figures sur les panneaux. Les entre-deux, avec
plaques en marbre et colonnettes cannelées.

4. — Grand Bahut armoire à deux corps, en chêne sculpté,
avec panneaux décorés de têtes de satyres et de
têtes de lions en haut-relief, époque Louis XIII.

5. — Coffre Louis XIII en chêne très-richement sculpté.
avec cimier et double armoirie fleurdelisé.

6. — Meuble à deux corps avec fronton, en chêne sculpté, travail de la fin du XVIe siècle, décoré de colonnes, cariatides et panneaux à personnages.

7. — Bahut Louis XIII, en chêne sculpté, le haut supporté par des cariatides, le bas orné de panneaux, figures et ornements.

8. — Grande Glace Louis XIV en chêne sculpté, avec fronton formé par des grappes de fruits; travail italien.

9. — Écran Louis XIV, en bois sculpté à jour, orné de mascarons et supporté par quatre pieds.

10. — Table en bois sculpté, style Louis XIII, à quatre faces.

11. — Grande et belle Glace biseautée, dans son cadre Louis XIII en bois noir orné de cuivres repoussés.

12. — Canapé en bois sculpté, d'un travail très-remarquable, époque Louis XIII, recouvert de velours.

13. — Six Fauteuils, style Louis XIII, recouverts en velours semblable.

14. — Fauteuil Louis XIII, en bois sculpté, recouvert en tapisserie au point, avec armoiries.

15. — Autre Fauteuil Louis XIII, recouvert en cuir de Cordoue.

16. — Tabouret Louis XIII, en bois sculpté, recouvert de tapisserie au point.

17. — Petit Coffret en bois sculpté Louis XIII, avec figures en bas-relief.

18. — Six Chaises, époque Henri IV, en bois sculpté, recouvertes en cuir de Cordoue.

19. — Deux Torchères en bois sculpté rechampi blanc.

20. — Petit Coffret du xvie siècle, en bois sculpté, avec sa clef du temps.

21. — Grande et belle Chaise en bois sculpté, époque Louis XIII, avec enfants et armoiries dans le dossier.

22. — Deux Chaises Louis XIV, en bois sculpté à jour, garnies de cuir de Cordoue.

23. — Corniche en bois sculpté, époque Louis XIII.

24. — Deux grandes Colonnes torses du xvie siècle, en chêne sculpté, avec feuilles de laurier, surmontées de très-beaux chapiteaux.

25. — Deux petites Colonnes torses, avec fronton orné d'une tête de satyre, époque Louis XIII.

26. — Deux grandes Colonnes torses Louis XIII, avec grappes de raisin.

27. — Deux Escabeaux en bois sculpté, époque Louis XIII.

28. — Lustre en bois sculpté et doré, époque Louis XIV.

29. — Petit Miroir dans un cadre en bois sculpté de la Renaissance.

BOIS SCULPTÉS ANCIENS

30. — Médaillons époque Louis XIII, représentant des *Dames et des Seigneurs dansant.*

31. — Deux grands Tableaux en bois sculpté, peints et dorés sur fond de glace, représentant, l'un, la *Naissance du Christ,* et l'autre, l'*Adoration des Mages.*

32. — Panneau, époque Louis XIII, représentant la *Sainte Famille.*

33. — Autre, époque Louis XIII, représentant le *Lavement des pieds.*

34. — Autre, époque Louis XIII, représentant le *Christ au jardin des Oliviers.*

35. — Autre, époque Louis XIII, représentant le *Martyre de saint Denis.*

36. — Autre, peint et doré, travail italien de la fin du xvie siècle, représentant la *Flagellation.*

37. — Très-curieuse pièce de Sculpture représentant la *Cène* d'après Léonard de Vinci, avec la salle du festin, travail de la fin du xvie siècle.

38. — Statuette du xvie siècle, représentant *Pandore.*

39. — Cadre Louis XIII renfermant neuf médaillons, peintures du xvie siècle, représentant des rois de France.

40. — Cinq Panneaux, époque du xvie siècle et Louis XIII.

41. — Plusieurs autres anciens Panneaux.

42. — Châsse en bois sculpté et doré, représentant les attributs de la Passion, travail du xviie siècle.

43. — Groupe en bois sculpté et peint *Mater Dolorosa*, travail du xviie siècle.

44. — Bas-relief, Buveurs flamands, bois sculpté et peint.

45. — Statuette de guerrier écossais, bois sculpté et doré.

46. — Bas-relief représentant Henri IV.

47. — Deux Vases en bois sculpté et doré.

48. — Console applique, bois sculpté et doré, ornée de figures, travail italien de l'époque de Louis XIV.

49. — Panier en bois sculpté et doré, époque Louis XVI.

50. — Console de l'époque Louis XV.

51. — Bloc en bois sculpté : la *Présentation au Temple*.

52. — Deux Corbeilles de fruits en bois sculpté et peint.

53. — Deux Consoles Louis XIII, formées par des grappes de fruits.

54. — Consoles Louis XIV, bois sculpté et doré.

55. — Consoles Louis XIII, bois sculpté et doré avec têtes de satyres et armoiries.

56. — Bas-relief ovale en palissandre, amour et ornements, époque Louis XVI.

57. — Panneau formé de trois figures en haut-relief, travail de la fin du xvie siècle.

58. — Deux Cariatides, bois sculpté, Louis XIII.

59. — Très-joli petit Cadre en bois sculpté du xvie siècle, renfermant une peinture représentant la Vierge avec manteau fleurdelisée.

TAPISSERIES — ÉTOFFES

60. — Portière en tapisserie tissée de soie, époque Louis XIII, décor de rinceaux et d'armoiries.

61. — Tapisserie d'Aubusson à figures.

62. — Très-belle Portière en soie jaune, avec dessin en soie rouge, époque Louis XIV.

63. — Tapis de table, époque Louis XIII, décoré de fruits tissés en soie.

OBJETS DIVERS .

64. — Bas-relief en ivoire représentant le *Christ rencontré par les saintes Femmes,* travail de la fin du xvie siècle.

65. — Statuette en ivoire : *Saint Michel terrassant le démon.*

66. — Statuette en terre cuite dorée, sur pied en albâtre, époque Louis XIV.

67. — Bas-relief en terre cuite, genre Clodion, représentant
le *Triomphe d'Amphitrite*.

68. — Groupe en bronze : la *Naissance de Bacchus*.

69. — Chope en vieux grès de Flandre du xvıe siècle, représentant les Apôtres.

70. — Petit Vase en grès de Flandre du xvıe siècle.

71. — Très-belle Pendule en marqueterie de Boule, à carillon,
sur son socle, avec ornements en bronze doré,
époque Louis XIV.

72. — Deux grands Vases en faïence de Novı.

73. — Grande Vasque semblable.

74. — Deux Potiches de Delft.

75. — Garniture de trois Vases en ancienne faïence de Delft,
avec parties dorées et laquées.

76. — Joli Vase hanap en verre émaillé vénitien du
xvıe siècle.

77. — Bénitier en bronze, formé par une tête de Christ.

78. — Deux Vases en porcelaine du Japon, laqués.

79. — Médaillon en mosaïque du xvııe siècle (tête de Christ),
avec riche cadre en bois sculpté et doré, aux
armes d'un pape.

80. — Camée représentant un empereur romain, dans son
cadre vénitien en fer.

81. — Poêle en faïence Louis XV.

82. — Groupe en terre cuite, jeux d'enfants.

83. — Belle Potiche en vieux-japon, décor de vases et d'ornements.

84. — Très-belle Potiche en vieux japon, monture en bronze doré.

85. — Potiche en vieux nevers, décor chine, deux tons.

86. — Plat faïence de Venise, décor d'oiseaux.

87. — Plat Delft bleu.

88. — Cruche en grès de Flandre, du xvie siècle.

89. — Cadre Louis XIV, en bronze doré et repoussé.

90. — Grande Potiche en porcelaine du Japon, décor bleu.

91. — Lustre gothique à 12 lumières, en cuivre, surmonté d'une figure.

92. — Deux petites Potiches en vieux japon.

93. — Buire et Aiguière en cuivre repoussé, Enfants dans des rinceaux.

94. — Flambeau à deux branches, époque Henri II, en bronze, fait par un personnage en costume de l'époque.

95. — Cruche en vieux grès de Flandre du xvie siècle, avec bas-relief représentant des scènes de l'Enfant prodigue, signée L. L., avec un écusson fleurdelisée.

96. — Autre, avec bas-relief de guerriers.

97. — Autre en grès brun, avec bas-relief représentant un
    Repas de seigneurs.

98. — Plat en faïence italienne gothique, avec portrait de
    femme.

99. — Plat à reflets métalliques avec médaillon', portrait
    de femme du xvie siècle.

100. — Petit Autel portatif du xvie siècle, orné de plaques
    en verre.

101. — Plat et Salière, en faïence de Palissy.

102. — Très-beau Plat en verre émaillé de Venise, avec écus-
    son aux armes de France et Bretagne, xvie siècle.

103. — Encrier en bronze italien, du xvie siècle, soutenu par
    trois tritons, couvercle formé par une tête de
    guerrier.

104. — Épée italienne du xvie siècle, avec garde, forte
    coquille.

105. — Quatre belles Plaques italiennes en bronze, du
    xvie siècle, représentant des sujets [de l'histoire
    romaine.

106. — Autre Épée du xvie siècle, à quillon droit, avec garde
    et pommeau à jour.

107. — Petit modèle de Panoplie en fer repoussé, composé
    d'une cuirasse, deux gantelets, un morion, une
    épée et deux haches.

108. — Bas-relief en bronze du xvi⁰ siècle, représentant un
triomphe.

109. — Très-curieuse Serrure Louis XIV, en bronze, avec
bas-relief formé par des griffons, et fleurs de lis
sur le côté.

110. — Encrier du xvi⁰ siècle, en faïence italienne, avec
quatre angles formés par des chimères.

111. — Cornet contourné en vieux japon, décor bleu, masse
d'armes tournante du xvi⁰ siècle.

112. — Épée en fer, avec fleur de lis.

113. — Morion en fer gravé du xvi⁰ siècle, avec trophée
d'armes.

TABLEAUX

ROMAIN (Jules) (*Attribué à*)

114. — L'Amour indique aux trois Grâces Psyché, dont il
est épris.

Esquisse grisaille, peinte sur les dessins de Raphaël pour le
palais de la Farnésine, à Rome.

MIGNARD (Pierre)

115. — Portrait de la princesse de Carignan, représentée,
selon la coutume des dames de la cour de
Louis XIV, dans l'attitude de la Vierge et de
l'enfant Jésus.

> On lit au dos : « Ce tableau est Mme la princesse de Cari-
> gnan, laissé en garde par Son Altesse aux religieuses de la
> rue Saint-Honoré. »

LORRAIN (Claude) (*D'après*)

116. — Paysage.

BRUNET (Adolphe)

(Graveur à Lyon, grand-prix de Rome.)

117. — La Vierge au chardonneret, d'après FRA BARTO-
LOMEO.

> Dessin à l'encre de Chine, maquette de la planche en acier
> qui a obtenu le grand-prix de Rome pour la gravure. (Gale-
> rie Pitti.)

PERRIN

(Mort en 1841. Prix du Salon.)

118. — Montagnard des Pyrénées, avec animaux

Signé : Perrin, 1840.

Joli tableau de genre.

119. — Objets non catalogués.

PARIS. — Impr. J. CLAYE. — A. QUANTIN et Cᵉ, rue Saint-Benoît. — [2180]